AF370873

# DE LA GRAVURE

## SUR MÉTAL ET SUR BOIS,

### ET

### DE SES DIVERS PROCÉDÉS,

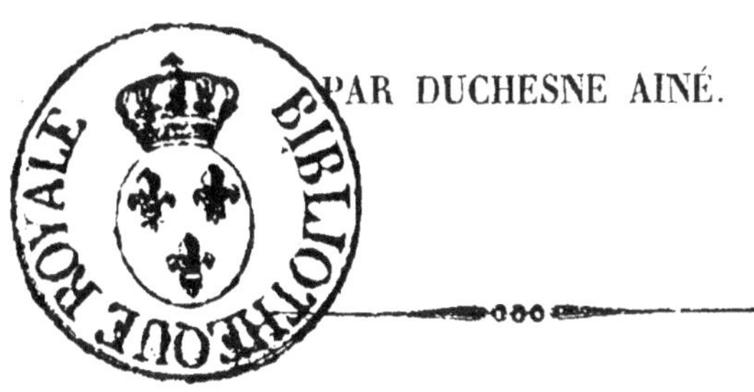


PAR DUCHESNE AINÉ.

CET art, qui remonte à la plus haute antiquité, consiste à tracer un dessin quelconque sur une matière dure.
Pendant plusieurs siècles, il n'a été que d'un intérêt se-
condaire, mais il a acquis tout d'un coup le plus haut
degré d'importance, quand, par la découverte de l'impression, on est parvenu à tirer des planches gravées, des
*épreuves* ou *estampes*, qui portent également le nom de
*gravures*. Ce mot, qui bien certainement vient du grec
γραφω, *tracer*, répond, suivant Strutt, à un mot hébreux
qui signifie *labourer :* en effet, le travail de la gravure a
quelque rapport avec le sillon que forme la charrue ;
peut-être aussi peut-on penser que, comme le labour est
le travail auquel l'homme s'est livré d'abord, la gravure
est de tous les arts, celui qui a été exercé le plus ancien-
nement, et qui par conséquent, dans un temps ou les lau-

1

gues n'avaient pas toute la richesse de mots qu'elles ont
acquise depuis, on s'est servi de la même expression pour
décrire deux natures de travaux qui avaient quelques rapports apparents dans la manière d'opérer, quoiqu'entre-
pris cependant dans des buts bien différents.

La gravure a été exercée chez tous les peuples de l'antiquité; plusieurs auteurs anciens en font mention, et on
trouve encore quelques patères ou d'autres pièces de métal sur lesquelles on voit des ornements ou des sujets
gravés par les Romains, les Grecs, les Italiotes et les
Égyptiens. On veut même retrouver aussi un ancien
exemple de gravure chez les Hébreux, dans le nom de
Dieu gravé sur une plaque d'or, qui ornait le bonnet de
leur grand-prêtre.

Nous ne nous arrêterons pas plus long-temps sur l'emploi de la gravure chez les anciens; nous ne parlerons pas
non plus de la découverte faite en 1452, par Maso Finiguerra, qu'on a long-temps nommé à tort l'inventeur de la
gravure; nous en parlerons aux mots *Impression* et
*Nielle*. Nous nous occuperons seulement, dans cet article,
de faire connaître la théorie et la pratique des différentes
espèces de gravures que l'on doit séparer en trois divisions.
A. Gravure en creux ou en *taille-douce* et sur *métal*.
B. Gravure en relief ou en *taille d'épargne* et sur bois.
C. Gravure en bas-relief ou de *médailles* et de *pierres-
fines*.

A. Gravure en creux ou sur métal; ordinairement sur
cuivre rouge, mais qu'on fait aussi sur cuivre jaune, sur
acier, sur étain, et qui d'abord a été faite sur de petites
plaques d'argent. On doit comprendre dans cette division,
1 la *gravure au burin*; 2 la *gravure à l'eau-forte*; 3 la
*gravure au pointillé*; 4 la *gravure dans le genre du
crayon*; 5 la *gravure en mezzotinte*; 6 la *gravure au
lavis*; 7 la *gravure en couleur*; 8 la *gravure de musique*;
9 la *gravure de cachet*.

B. La Gravure en relief, ordinairement sur bois,

mais aussi quelquefois sur cuivre jaune et sur acier. 10 la *gravure à une seule taille ;* 11 la *gravure en camaïeu ;* 12 la *gravure de vignettes sur acier et sur cuivre jaune.*

C. LA GRAVURE SUR PIERRE-FINE, en bas-relief ou de médailles et sur verre. On ne peut, à proprement parler, regarder ces arts comme des espèces de gravures ; ils tiennent plutôt à la sculpture, et peuvent être considérés, relativement à elle, comme la miniature par rapport à la peinture ; cependant la gravure de médaille a pu recevoir ce nom, parceque, de même que les graveurs, les artistes qui exercent cet art, se servent pour creuser le métal, d'outils nommés *onglettes,* qui ont quelque ressemblance avec le burin, mais sont plus courts, plus étroits, et ont un bec moins aigu. Voyez *Médailles.* Quant à la gravure sur pierres-fines, son résultat est, en apparence, le même que celui de la gravure de médailles ; mais les moyens d'exécution sont tout à fait différents, puisque le seul outil qu'on emploie est un *tourret,* avec des roues qui varient d'épaisseur et de dimension.

A. LA GRAVURE SUR MÉTAL. Nous ne rechercherons pas de quelle nature était le métal sur lequel gravaient les anciens, ni quelle préparation on lui donnait ; il suffira de s'occuper de cet art au moment où, vers le milieu du quatorzième siècle, il devint en peu d'années un objet de la plus haute importance, par la découverte de Maso Finiguerra, qui, en 1452, trouva le moyen de tirer épreuve d'une plaque de métal qu'il avait gravée pour l'église de Saint-Jean de Florence ; on peut voir les détails de cette découverte, dans *l'Essai sur les Nielles, gravures des orfèvres florentins du quinzième siècle, par Duchesne aîné,* un vol, in-8°., Paris, Merlin, 1826.

Comme la gravure alors ne s'employait que pour orner des bijoux, les plaques dont on se servait étaient d'une très petite dimension, et le métal qu'on employait ordinairement était l'argent. Lorsque, quelques années après, Mantegna et d'autres orfèvres, gravèrent sur des planches plus grandes et avec l'intention de tirer des épreuves qui reçurent le nom d'*estampes*, du mot *stampare*, imprimer, on fit usage d'un métal moins précieux, tel que l'étain ; c'est du moins ce qu'on doit présumer en voyant des épreuves si faibles tirées de gravures qu'on rencontre cependant assez rarement, ce qui doit faire penser qu'elles ont été tirées à petit nombre. Enfin plus tard, c'est-à-dire à l'époque où vivait Marc-Antoine, on commença à faire usage de planches de cuivre rouge, ce qui a continué jusqu'à nos jours, où cependant quelques graveurs se servent de laiton ou cuivre jaune, et depuis quelques années de planches d'acier.

La planche de cuivre étant passée au laminoir, on la coupe à la grandeur convenable et on la *plane ;* c'est-à-dire qu'en la plaçant sur une enclume, on la frappe à froid avec un marteau d'acier, de manière à rendre sa fermeté égale dans toutes les parties, en resserrant les pores, ou les petits trous qui peuvent se trouver à la surface du métal. Il faut ensuite enlever avec un *grattoir* toute la superficie, de manière à ce que le cuivre soit bien pur et qu'il ne reste ni gersure, ni aucune partie oxidée : après quoi, on unit la planche d'abord avec un morceau de grès, que l'on frotte dessus, puis après avec de la pierre ponce, et enfin avec un charbon, ayant toujours soin de mouiller la planche pendant ces dernières opérations.

Le cuivre ainsi préparé, doit rendre un son *argentin*, s'il n'est pas trop mou, ce qui l'empêcherait de donner beaucoup de bonnes épreuves, ni trop *aigu*, ce qui indiquerait que le cuivre est trop serré et trop sec, et rendrait *maigre* le travail de la gravure. Quelque soin qu'apporte le graveur au choix de son cuivre, encore arrive-t-il quelquefois qu'il y est trompé.

1. *Gravure au burin.* C'est la gravure la plus ancienne et celle qui donne les plus beaux résultats ; cependant il est rare d'employer le burin seul, et ordinairement on se

contente de terminer avec cet instrument le travail préparé avec l'eau-forte. Pour graver au burin sur une planche de cuivre préparée ainsi que nous l'avons indiqué, on est dans l'usage de tracer légèrement son sujet avec une pointe, soit sur la planche à nue, soit sur un vernis que l'on noircit avec de la fumée, afin de donner à l'œil la facilité de mieux voir le trait qui découvre la planche. Les figures ainsi tracées, on prend un *burin,* petit barreau d'acier trempé, dont le bout, que l'on nomme *nez* ou *bec*, est coupé de biais et présente ainsi une pointe; lorsqu'on veut s'en servir, on le place à plat sur le cuivre, tandis qu'on tient dans la main le manche qui ressemble à la moitié d'un champignon; la manière de tenir cet instrument, comme on le voit, ne ressemble en rien à celle en usage pour dessiner au crayon, à la plume ou au pinceau. Le burin dirigé par les doigts est poussé par la paume de la main qui reçoit l'impulsion du bras entier. Lorsqu'on veut faire une taille fine, la main doit rester à plat sur le cuivre; si on veut gonfler la taille, on doit progressivement lever le poignet de manière à ce que le nez du burin, cessant d'être horizontal, entre davantage dans le cuivre et fasse une taille à la fois plus large et plus profonde. Quoique l'exécution de ce travail présente quelques difficultés pour arriver à la perfection, encore n'est-ce pas la partie difficile de l'art : ce qui distingue le talent d'un artiste habile, c'est la disposition de ces tailles et la variété de ses travaux. Il serait impossible dans un article de la nature de celui-ci, de faire connaître toutes les ressources de l'art, et de montrer la route que doit suivre un graveur; mais au moins nous tâcherons d'indiquer brièvement ce qu'il y a de plus remarquable dans les divers travaux de la gravure au burin, de faire connaître les principes adoptés par les maîtres, et dont il serait difficile ou dangereux de s'écarter.

Les tailles dans la gravure sont ordinairement croisées, excepté dans les parties qui approchent des lumières, et quoiqu'on ait quelquefois gravé avec un seul rang de taille, cela peut être regardé comme une singularité ou un tour de force qu'on ne doit pas chercher à imiter; il serait également fâcheux de multiplier le croisement des tailles, et on ne le fait que dans les fonds et quelques parties d'ombre. La manière dont les tailles sont croisées, est loin d'être indifférente, et elles doivent passer du carré au losange, suivant qu'on veut graver des pierres ou d'autres objets inflexibles, des chairs ou des draperies : dans tous les cas, lorsqu'on croise les tailles, on doit tâcher d'en avoir une principale, et qui soit placée dans le sens des muscles, si ce sont des chairs qu'on grave; dans le sens des plis, si ce sont des draperies; horizontale, inclinée ou perpendiculaire, suivant que la partie de terrain ou de monument présente une plus grande longueur dans un de ses sens. Il faut encore avoir soin, lorsqu'on dispose ses tailles dans un monument, de les placer suivant la perspective, et tendant au point de vue, afin qu'elles ne nuisent pas à l'effet. Les tailles ne doivent pas être toujours de la même force; on les fait ordinairement plus fines et plus déliées dans les fonds et dans les demi-teintes; souvent même en approchant des lumières, on les termine par quelques points qui ont l'air de prolonger la taille.

Les travaux dans les premiers plans doivent être plus larges; cependant on doit éviter l'abus dans lequel on est souvent tombé depuis quelque temps, de placer sur les devants des tailles qui choquent l'œil par leur épaisseur, et qui laissent entre elles des blancs qu'on est obligé de remplir par de petits moyens qui sont moins un principe de l'art, qu'une ressource pour dissimuler une faute.

Quoiqu'on puisse rigoureusement se servir exclusivement du burin, encore est-il rare de n'employer que ce seul instrument; souvent les linges, les plumes et les parties les plus délicates des chairs sont terminés avec la *pointe sèche,* instrument d'acier fort acéré, dont la dénomination de sèche indique que son travail n'a pas, comme la *pointe* ordinaire, besoin du secours d'un acide. La *pointe sèche* se tient comme un crayon; souvent elle coupe le cuivre aussi profondément que le burin, en donnant cependant moins d'ouverture à la taille. Enfin, dans la gravure au burin, la plupart des travaux sont ordinairement commencés et tracés à l'aide d'une *pointe,* dont l'emploi sera indiqué lorsqu'on parlera de la gravure à l'eau-forte. On peut même dire que, maintenant, tous les graveurs au burin préparent leurs travaux, et souvent même les avancent beaucoup à l'aide de l'eau-forte; mais dans le quinzième siècle, ce moyen était inconnu; dans le le commencement du seizième siècle, on en faisait peu d'usage, et dans le dix-septième encore, on trouve de très belles gravures faites avec le burin seulement; par Augustin Carrache, Goltzius, Sadeler, Bloemaert, Villamene, Poilly, Edelinck, Visscher, Paul Pontius, Vorsterman, Bolswert, Masson, Nanteuil, Roullet et autres.

La gravure au burin étant un travail long, on sent bien que les mains et les bras posés sur la planche, peuvent user une partie du travail; aussi a-t-on soin de commencer par les travaux les plus larges et les plus vigoureux, tel que les devants et les draperies, puis on s'occupe des fonds; enfin, on termine par les linges et les chairs. Souvent dans une grande planche, on a soin d'en couvrir quelques parties avec du papier ou même avec du vernis, afin d'empêcher que le frottement inévitable pendant la durée du travail, altère la pureté de la taille.

2. *Gravure à l'eau-forte.* Lorsqu'on veut graver à l'eau-forte, on prend une planche de cuivre préparée ainsi que cela a été indiqué précédemment (page 4), on la nettoye avec du blanc d'Espagne délayé dans de l'eau, puis plaçant au bord un ou deux petits étaux, suivant la grandeur de la planche, on la place sur un fourneau où se trouve un feu doux; alors prenant un vernis préparé exprès pour cette opération, et auquel on donne le nom de *vernis mou,* enveloppé dans un morceau de soie, on le

frotte sur toute la planche, après quoi, laissant toujours la planche sur le feu, on prend un tampon formé de coton, également enveloppé dans de la soie, et on le passe sur toute la planche, afin que le vernis se trouve étendu avec une égalité parfaite. C'est la seule manière usitée maintenant pour vernir une planche; mais autrefois on employait fréquemment un *vernis dur*, dont se sont servis habituellement Callot, Bosse et La Belle. Ceci terminé, on retourne la planche, et on la suspend en l'air au moyen des petits étaux; puis allumant un flambeau composé de plusieurs bougies dites *rats de caves*, on le tient au-dessous de la planche, afin que la fumée s'incorpore dans le vernis mis en fusion par la chaleur de la flamme. Il faut avoir soin, dans cette opération, de tenir la main sans cesse en mouvement, afin d'augmenter la fumée, et pour éviter de *brûler* le vernis, ce qui serait un grand inconvénient lorsqu'on viendra à faire *mordre* en versant l'eau-forte sur la planche.

Ces préparatifs terminés, si on veut copier un tableau ou un dessin, on doit en avoir fait le calque qu'on fixe sur la planche après l'avoir rougi au revers, avec de la sanguine; puis avec la *pointe* à calquer, on fait un décalque sur le vernis. Alors reprenant cette même pointe, qui se compose d'une aiguille d'acier plus ou moins fine, placée dans un manche de bois de la grosseur d'un crayon, et qu'on tient de même, on dessine, on copie ou on compose, suivant le goût ou la capacité de celui qui travaille.

Dans la gravure à l'eau-forte, on en distingue de plusieurs natures : l'une dite *eau-forte de peintre*, et c'est à proprement parler cette manière à laquelle appartient le nom de *gravure à l'eau-forte;* elle est variée à l'infini dans ses moyens et dans ses résultats. Il serait difficile d'en présenter les principes, les uns ayant pris une pointe fine, d'autres une grosse pointe ou une *échope,* instrument semblable à la pointe, mais dont le bout, au lieu d'être un cône parfait, présente un triangle irrégulier, dans lequel, suivant la manière de le tenir, on trouve des *pleins* et des *déliés;* d'autres variant la grosseur de leur pointe, suivant le travail qu'ils veulent faire; quelques-uns mettant un peu de régularité dans leurs travaux; d'autres affectant au contraire de n'avoir aucune méthode, et arrivant également à l'effet qu'ils désirent. Les plus remarquables, parmi les peintres qui ont gravé à l'eau-forte, sont Berghem, Paul Potter, Henri Roos, Rembrandt, Ann-Carrache, Guido Reni, Salvator Rosa, Castiglione, Claude Lorrain, Bourdon et Coypel.

On doit aussi nommer parmi ceux qui se sont fait remarquer dans la gravure à l'eau-forte, François Mazzuoli, dit Parmesan, auquel les Italiens ont attribué cette découverte, tandis qu'il est seulement le premier qui s'en soit servi en Italie. D'un autre côté, les Allemands l'ont revendiquée en faveur d'Albert Durer. Cette question peut être maintenant résolue, mais d'une manière assez singulière; car, au lieu de laisser cette invention à l'un de ceux à qui on avait voulu en faire honneur, on peut assurer qu'elle est due à Wenceslas d'Olomutz, dont il existe au *british Museum* une gravure extrêmement curieuse, représentant une figure allégorique et satirique, avec la date de 1496, et relative aux discussions qui eurent lieu à cette époque entre quelques princes d'Allemagne et la cour de Rome. Cette estampe représente la figure monstrueuse d'une femme entièrement nue, vue de profil et tournée vers la gauche, le corps couvert d'écailles, ayant la tête et la crinière d'un âne, la jambe droite terminée par un pied fourchu, et la gauche par une patte d'oiseau; le bras droit est terminé par une patte de lion et le gauche par une main de femme; son derrière est couvert d'un masque barbu, et en place de queue, elle a un cou de chimère avec une tête bizarre, ayant une langue de serpent. Dans le haut est écrit ·ROMA· CAPVT· MVNDI· A gauche est une tour à trois étages, sur laquelle flotte un drapeau ayant en sautoir les clefs de saint Pierre; sur le château est écrit CASTELSACNO; en avant est une rivière où se trouve écrit TEVERE; plus bas, est le mot IANVARII, et au-dessous, l'année 1496. A droite, dans le fond, est une tour carrée et crénelée, sur laquelle est écrit TOPEDINONA; du même côté, sur le devant, est un vase à deux anses; au milieu du bas, la marque W. Haut. 4 p. 8 l.; larg. 3 p. 20 l. Cette pièce, que je crois unique, et qui a échappé aux recherches de MM. de Heinecke, de Murr et de Bartsch, est extrêmement curieuse, puisque, par sa date, elle montre une antériorité de dix-neuf ans sur les gravures d'Albert Durer, dont la plus ancienne porte l'année 1515, et que celles du Parmesan sont encore plus récentes, ce peintre n'étant né qu'en 1503.

Une autre classe, nommée *eaux-fortes de graveur*, est destinée à préparer le travail qui doit être terminé au burin. Elle ne présente pas autant de variété dans son apparence; elle est plus régulière; lorsque les tailles s'y croisent, c'est avec un soin particulier; suivant le goût de chacun, elle présente un travail plus ou moins avancé, mais qui ne sera jamais bien que lorsqu'il se trouvera terminé par le burin. Les graveurs qui se sont le plus distingués dans la gravure à l'eau-forte et au burin, sont Ger. Audran, Chasteau, Hollar, Desplaces, Duchange, Le Bas, Vivares, Wollett, Bartholozzi.

Quelques graveurs ont souvent employé l'eau-forte seule, ou du moins ils ne se sont servis du burin que pour reprendre quelques parties qui n'avaient pas mordu à l'eau-forte. Dans ce cas, leur travail présente la liberté de la pointe, et cependant une régularité de taille que n'offrent pas les eaux-fortes de peintre. On doit citer comme les plus marquants dans cette manière de graver, Pietre-Sante, Bartoli, La Belle, Callot, Abr. Bosse, Silvestre, Chauveau, Lepotre, Le Clerc, Morin, Perelle Perier, Wagner.

Le travail de la pointe étant terminé sur le cuivre vernis,

pour que la planche devienne une gravure, il reste à faire une opération qu'on appelle *faire mordre,* et qui consiste à verser sur la planche de l'*acide nitrique* mélangé d'eau, et auquel on donne le nom d'*eau-forte.* Il existe plusieurs manières de faire mordre; l'une est de placer la planche sur un plan incliné et de verser de l'eau-forte dessus à plusieurs reprises; l'autre est de border la planche avec de la cire molle, et de la couvrir d'eau-forte qu'on laisse plus ou moins long-temps, une demi-heure, une heure et même trois ou quatre, suivant la nature du travail, l'intensité de l'acide et l'état atmosphérique de l'air; quelquefois on prend un acide très faible et on tient la planche dans un mouvement léger et continuel, pour augmenter le travail de l'eau-forte. Enfin, dans tous les cas, lorsque sur la planche il y a des parties dont les travaux doivent être plus ou moins mordus, on a soin de retirer l'eau-forte, de laver la planche, de la faire sécher et de couvrir ensuite, soit avec du suif, soit avec un vernis gras et coulant, toutes les parties qui doivent rester légères, tels que les ciels et les lointains. Il y a telle gravure où l'on recouvre alternativement des travaux jusqu'à quatre et cinq fois.

5. *Gravure au pointillé.* Quoique ce genre de gravure semble, au premier aperçu, dériver de la gravure dans le genre du crayon, et que ce nom ait été particulièrement adapté aux gravures qui ont été si fort à la mode en Angleterre à la fin du siècle dernier, encore doit-on dire qu'avec des moyens différents, long-temps avant, on avait fait des estampes qui présentaient quelques ressemblances avec ces dernières, en ce que, comme celles-ci, leurs auteurs n'employaient aucune espèce de taille, et que l'effet qu'ils obtenaient n'était dû qu'au nombre et à l'intensité de points irréguliers dont ils composaient leurs gravures.

Les plus anciennes estampes de cette espèce sont du commencement du dix-septième siècle; elles étaient exécutées

soit avec le burin seul, soit par le mélange du burin et de
l'eau-forte, et présentent à l'œil un assemblage de points
ordinairement triangulaires et d'une grosseur inégale.
Morin, Boulanger et quelques autres ont gravé de cette
manière des portraits et quelques sujets historiques. Un
peu plus tard, on a gravé avec une pointe ou plutôt un
ciselet qu'on frappait avec un marteau, et cette manière
a été nommée *opus mallei*. Lutma est presque le seul qui
ait opéré dans cette manière, et il n'a laissé que quatre
têtes ou portraits. Enfin, à la fin du dix-huitième siècle,
on a vu des graveurs habiles abandonner le burin pour se
livrer exclusivement à cette méthode de pointillé, qui se
trouva élevée presque au premier rang, et fut bientôt
abandonnée, comme cela arrive à toutes les choses de
mode.

4. *Gravure dans le genre du crayon.* Cette manière de
graver a été inventée dans le dernier siècle; et quoiqu'il y
ait eu alors quelque indécision pour savoir quel était réel-
lement l'inventeur, il est maintenant certain que l'honneur
de l'invention appartient à François, et que Demarteaux a
perfectionné cette découverte nouvelle à un tel point, qu'il
a pu en être regardé comme le créateur.

Le but de cette manière de graver a été de présenter
aux élèves des études qui puissent être multipliées, à un
prix très-modéré, comme le peuvent être les épreuves
d'une planche gravée, et cependant offrir en même temps
l'apparence d'un dessin avec des hachures gravées ayant
l'aperçu de celles faites avec un crayon, et non pas des
tailles sèches et maigres, comme le sont ordinairement
celles du burin, lorsque le travail présente un grand
écartement entre les tailles.

Pour parvenir à imiter l'irrégularité d'un crayon passé
sur les grains du papier, on prend un cuivre préparé et
vernis, ainsi que cela a déjà été dit, et après avoir con-
tre-épreuvé le dessin que l'on veut graver, ou le calque
qu'on a pris, si le dessin original est trop précieux pour

le soumettre à cette opération, on commence à graver: mais au lieu de se servir de la pointe ordinaire, on emploie une pointe divisée en plusieurs parties inégales, et on trace ainsi le contour de sa figure, puis on imite les hachures soit avec ces pointes, soit avec des *roulettes* qui présentent également à leur circonférence des aspérités inégales.

Lorsqu'on a fait mordre ce premier travail, on continue avec les mêmes outils à empâter sur le cuivre lui-même, jusqu'à ce qu'on ait obtenu l'effet désiré.

Si on veut imiter un dessin au trois crayons, le travail se fait séparément sur plusieurs planches, dont l'une contient le travail du crayon rouge, une autre celui du crayon noir, et le troisième celui du crayon blanc; et au moyen de repaires, on imprime successivement ces trois planches sur le même papier.

Cette manière de graver qui était employée avec succès pour fournir des principes et des études dans un grand nombre d'écoles de dessin, est maintenant bien moins en usage, parcequ'elle est remplacée avec avantage par la lithographie.

5. *Gravure en mezzotinte.* L'invention de cette manière de graver est due à Louis Siegen, lieutenant au service du prince Robert, palatin, vers 1611 : on ignore ce qui a pu l'amener à la découverte de ces procédés, qui, du reste, sont maintenant bien perfectionnés. Lorsqu'on veut graver en mezzotinte, on prend un cuivre plané avec le plus grand soin, et souvent on préfère le cuivre jaune, parceque son grain étant plus serré et plus fin, on pense qu'il s'use moins vite. La planche donc étant choisie avec soin, on y fait faire le *grain* par un ouvrier au moyen d'un outil nommé *berceau*, et qui ressemble à un large ciseau, dont le bout, au lieu d'être droit, est la portion d'un cercle de six pouces de diamètre, le biseau de cet outil est strié de filets extrêmement fins, qui présentent à l'extrémité une succession de pointes très aiguës, qui

entrent dans la planche au moyen du mouvement que fait l'ouvrier en berçant sa main. Pour faire cette opération avec régularité, on trace sur la planche avec un crayon des bandes perpendiculaires de 9 à 10 lignes, on passe le berceau successivement dans chacune de ces bandes, de manière à ce qu'elles soient couvertes de points : divisant la planche sur l'autre sens, et ensuite par chaque diagonale, on répète à chaque fois la même opération, qu'on recommence ensuite jusqu'à vingt fois de chaque côté, en variant à chaque fois de trois lignes le point de départ, afin d'éviter les nuances que pourraient amener des mouvements trop réguliers. On tire alors une épreuve, qui, si l'opération est bien faite, donne un noir parfait.

Le graveur alors, sans vernir sa planche, décalque son dessin sur le cuivre même, après quoi il prend un instrument nommé *racloir* ; c'est une lame aiguisée des deux côtés, avec laquelle il enlève le grain de la planche, d'abord en entier dans toutes les parties claires, ensuite plus légèrement dans les demi-teintes et les parties plus ou moins ombrées. Quelquefois au lieu du *racloir*, le graveur emploie l'*ébarboir*, barreau d'acier à trois ou quatre faces, et dont les angles, moins aigus que celui du *racloir*, offrent un travail plus doux. Mais, en tous cas, dans les clairs purs, le *racloir* ne suffit pas, parcequ'il pourrait lui-même occasioner quelques légères rayures, qu'on efface au moyen du *brunissoir*, instrument d'acier très poli, de la forme d'un crayon aplati.

Cette manière d'opérer, comme on voit, est entièrement opposée à celle de la gravure ordinaire, car là pointe ou le burin, dans la main du graveur, semble faire l'effet d'un crayon noir sur un papier blanc, tandis que, dans la mezzotinte, le racloir semble être un crayon blanc sur du papier de couleur.

6. *Gravure au lavis.* Les épreuves des planches gravées au lavis offrent quelques ressemblances avec celles qu'on tire des gravures en mezzotinte ; mais les procé-

dés qu'on emploie dans cette manière de graver, sont si variés et si longs à décrire, qu'il serait déplacé de vouloir les donner avec précision dans cet article. Il suffira de savoir que le trait étant gravé et mordu, on revernis de nouveau la planche, mais très légèrement et sans la noircir, ensuite on met dessus de l'amidon en poudre, puis, avec une encre particulière, composée d'huile d'olive, d'essence de térébenthine et de noir de fumée, on lave au pinceau sur sa planche, comme on le ferait sur un papier avec de l'encre de la Chine, et en commençant de préférence par faire tous les détails. Cette encre, ayant la propriété de dissoudre le vernis, on enlève l'un et l'autre avec un linge fin qu'on appuie avec précaution sur le cuivre qui se trouve ainsi à nu; prenant alors une eau, dans laquelle on a fait dissoudre du sucre et du savon, on mouille toute la partie découverte, puis, avec un tamis de soie très fin, on saupoudre partout de la résine en poudre, qui se trouve légèrement fixée sur la planche par le moyen de l'eau sucrée ; on chauffe légèrement le cuivre, et chaque petit grain de résine devient légèrement adhérant à la planche, en laissant cependant entre eux un grand nombre de petits interstices par lesquels s'introduira l'eau-forte. Cette opération terminée, on borde la planche avec de la cire, ainsi que nous l'avons déjà dit (pag. 11), puis on fait mordre. Mais il faut, pour cette opération, des précautions que ne demande pas la gravure ordinaire. On doit avoir deux bouteilles d'*eau-forte* de force inégale, l'une contenant un tiers d'*acide nitrique* et deux tiers d'eau, l'autre bouteille, un quart seulement d'acide et trois quarts d'eau.

L'eau-forte doit rester très peu de temps sur la planche, c'est-à-dire environ deux minutes, un peu plus ou un peu moins, suivant la chaleur ou l'humidité de l'atmosphère ; puis on la retire ; on lave la planche, on la fait sécher et on couvre avec du vernis ou du suif, les parties qui doivent être les plus légères et que l'on juge assez mordues.

On verse de nouveau l'eau-forte, et on recommence cette opération huit ou dix fois. Après quoi, on nettoye entièrement la planche, on la revernis encore; puis, avec la même encre dont on a déjà parlé, on lave les grandes masses, et on recommence toutes les autres opérations déjà décrites, pour faire mordre les parties comprises dans ce nouveau travail.

On se sert aussi quelquefois, dans ce travail, d'outils semblables à ceux qui ont été indiqués dans l'article sur la manière de graver au crayon.

7. *Gravure en couleur.* Ce qu'on nomme gravure en couleur n'est pas, à proprement parler, une manière de graver, mais plutôt un procédé particulier d'imprimer plusieurs genres de gravures, au moyen desquels on obtient une estampe coloriée qui a l'apparence d'un tableau, d'une gouache ou d'une aquarelle.

La mezzotinte et la gravure au lavis sont les seules qu'on emploie, comme étant d'un travail plus facile et plus prompt que les autres, et surtout comme ayant plus de ressemblance avec l'effet du pinceau, et présentant un velouté plus en rapport avec la peinture. Lorsqu'on veut graver un tableau et le rendre avec ses couleurs, on partage ce travail sur trois ou quatre planches, qui seront ensuite imprimées successivement sur la même feuille, et contribueront ainsi à la représentation du même objet. Une chose très importante est que toutes les planches soient d'une grandeur égale et parfaitement d'équerre, puis on y fait à plusieurs places des trous ou repaires, au moyen desquels on peut les ajuster avec la plus grande exactitude.

Le calque, dans cette manière de graver, est une opération assez importante et qui présente quelques difficultés, par l'obligation où on est de la répéter plusieurs fois, et par la nécessité d'y mettre une grande précision. Pour y parvenir, on coupe l'intérieur d'une feuille de carton, de manière à ce que chaque planche puisse y être placée alternativement; ensuite on fixe au carton un tissu clair et léger, sur lequel on trace le sujet avec un pinceau chargé de blanc à l'huile, qu'on laisse ensuite sécher; après quoi, on repasse sur ce trait avec du blanc délayé dans de l'eau-de-vie, mêlé d'un peu de fiel de bœuf; alors transportant son carton sur une des planches de cuivre grainé, ainsi qu'on l'a expliqué (pag. 13), au moyen de la pression qu'on exerce, ce trait s'y trouve appliqué, et on recommence la même opération, en ayant soin de repasser le trait avec le blanc pour chaque planche. On sent bien qu'alors elles sont parfaitement en rapport ensemble, et on grave ainsi qu'il a été dit dans l'article de la mezzotinte (pag. 14). Il n'est pas besoin de dire qu'on n'emploie que les trois couleurs primitives, le *bleu*, le *jaune* et le *rouge*, leur mélange donnant toutes les autres. On commence par la planche qui doit donner le bleu, ensuite par celle du jaune, puis on termine par celle qui donnera le rouge; lorsqu'on en fait une quatrième, elle est destinée à donner le noir. En enlevant le grain avec le racloir, il faut avoir soin de ne pas trop approcher du trait qui forme les contours, afin de pouvoir les ajuster, si à l'épreuve on aperçoit quelques différences entre ceux que donnent les diverses planches. Au reste, cette manière de graver ne peut jamais arriver à une grande pureté de dessin. Lorsque, par les travaux ordinaires de la mezzotinte, on n'a pas donné assez d'intensité aux ombres, on a recours à quelques tailles de burin, qu'on croise pour donner plus de force dans ces parties.

Lorsqu'on a fait épreuve de la planche qui donne le bleu, on la compare avec le tableau ou le dessin coloré, et si on est content de ce travail, on couvre avec du crayon blanc tout ce qui ne doit pas se retrouver sur la planche jaune dont on doit s'occuper en second; on y laisse à découvert les parties qui doivent s'y trouver encore pour donner du vert, du brun, puis on y ajoute avec le pinceau toutes les parties qui, présentant du jaune, n'ont pas dû être comprises sur la première planche. Ayant terminé le travail de la planche jaune, on tire épreuve des deux planches l'une sur l'autre, puis on s'occupe de la planche rouge qui est la troisième; enfin, on arrive à la quatrième planche qui donne le noir, et ne contient souvent que quelques traits de force dans les parties les plus ombrées, et sur les devants, ainsi que le trait d'encadrement, les noms des artistes et les inscriptions.

8. *Gravure de musique.* On se sert ordinairement de planche d'étain pour graver la musique, et quoiqu'on emploie le burin pour quelques parties, la plupart du travail se faisant avec des poinçons qu'on *frappe* avec un marteau, on pourrait, en quelque sorte, regarder cette manière de graver comme une espèce de ciselure.

La première opération est de tracer sur la planche les *portées*, ce qui se fait au moyen d'une *griffe* que l'on appuie fortement en la faisant glisser contre une règle, ensuite on *frappe* les divers signes et notes; puis avec une *échope*, on grave les barres, les croches et double-croches; enfin, avec un burin, on fait les queues des notes et les accolades. Quant aux paroles, lorsqu'il y en a, elles se frappent aussi avec des poinçons.

9. *Gravure de cachet.* Cet art est mixte et a quelques rapports avec la gravure au burin, avec la ciselure, et aussi avec la gravure de médailles. Mais la manière d'en tirer épreuve est tout à fait différente de celle qu'on emploie pour imprimer les planches gravées; c'est pourquoi nous ne nous étendrons pas sur les divers procédés, mais nous dirons seulement qu'on se sert alternativement de *burin*, d'*échope* et de *poinçons* qui représentent les fleurs de lys, les couronnes ou autres pièces d'armoiries dont on a souvent besoin.

B. Gravure en taille d'épargne. La gravure proprement dite est celle que l'on fait en traçant en creux un trait, dont le bruit pourrait en quelque sorte avoir motivé le nom qu'on lui donne; mais ce ne peut être là ce qui a fait donner le même nom à la *gravure en taille d'épar-*

*gne,* que l'on fait ordinairement sur bois, et dont les tailles au lieu d'être creusées, comme dans la gravure au burin, sont au contraire réservées, et restent en relief, tandis qu'on enlève toutes les parties qui doivent rester claires lors de l'impression. C'est donc seulement comme produisant des épreuves semblables, quoique tirées par des moyens fort différents, que cet art a été considéré comme une espèce de gravure.

La gravure en creux est tellement ancienne, qu'on en voit des traces chez presque tous les peuples; la gravure en taille d'épargne est plus moderne; cependant on ne peut assigner non plus, d'une manière précise, le pays et l'époque où elle fut d'abord mise en usage; mais on peut regarder comme probable, que les Chinois la pratiquaient dans le onzième siècle. Il est certain aussi que les Indiens en faisaient usage dans le treizième siècle, tandis que c'est seulement dans le commencement du quinzième, qu'on en aperçoit des traces en Europe.

Cette manière de graver est beaucoup plus longue, plus difficile et moins agréable que l'autre, et n'a pu être mise en usage que bien après elle; mais, au contraire, l'impression en étant plus simple et plus facile, c'est de cette dernière gravure qu'on a tiré des épreuves en premier. Sans remonter aux impressions sur toiles faites par les Indiens, nous trouvons des épreuves sur papier, d'un saint Christophe, gravé sur bois, en Allemagne, dans l'année 1423; et d'un saint Bernard, gravé probablement en France, par B. Milnet, en 1445; tandis que ce n'est qu'en 1452 qu'on fit à Florence une épreuve sur papier de la gravure en creux sur métal.

La gravure en taille d'épargne s'exécute ordinairement sur du bois; cependant on en fait aussi sur du cuivre, pour des estampilles, et sur de l'acier, pour des poinçons, des vignettes ou des ornements qu'on emploie particulièrement dans la fabrication des billets de banque, et des ornements que les relieurs placent sur le dos des livres.

La première manière était d'un usage assez ordinaire,
dans le quinzième et le seizième siècle, pour publier
d'assez grandes estampes ; depuis elle n'a plus été employée
que pour des vignettes de petites dimensions, des fleu-
rons et des lettres grises ; enfin, elle a été presque abandonnée vers la fin du dix-huitième siècle. Elle a repris
quelques faveurs depuis une trentaine d'années, et même
elle a reçu alors des améliorations assez notables.

10. *Gravure à une seule taille.* C'est ordinairement sur
du buis qu'on exécute cette gravure ; cependant on emploie
aussi le poirier pour les objets de grande dimension, ou
dont le travail n'exige pas autant de finesse. Lorsque la
planche dont on veut se servir est bien dressée et polie,
on la saupoudre de *sandaraque,* qu'on frotte avec un papier
de manière à l'introduire dans les pores du bois, afin qu'en
dessinant, l'encre ne s'étende pas irrégulièrement comme
sur du papier qui boit, et que les traits soient bien nets.
Alors le dessinateur trace lui-même à la plume la composi-
tion qu'il veut publier. Quant à la gravure, elle s'exécute
par des artistes d'un ordre inférieur, qui souvent même sa-
vent fort peu le dessin, et dont le talent se borne à enlever
toutes les parties du bois restées blanches, et à laisser en
saillies tous les traits, toutes les hachures qu'a dessinés
le peintre, et qui deviennent alors autant de *tailles.*

Cette opération se fait avec une lame longue et étroite,
à laquelle on donne aussi le nom de *pointe,* et qui se
trouve prise dans un manche rond et fendu par le milieu sur toute la longueur ; elle y est fortement resserrée
au moyen d'une longue virole conique, qui ne laisse sortir
qu'un bout de cinq à six lignes de la lame. On se sert de cette
pointe de diverses manières, suivant que les travaux ont
besoin de plus ou moins de force ; ainsi pour faire des hachures ou des traits délicats, et pour lesquels il n'est pas besoin de creuser profondément, on tient cette pointe comme
un crayon, en l'écartant un peu à droite de la perpendiculaire ; puis, après avoir suivi le trait dessiné, on retourne

la planche, pour suivre la hachure voisine, en laissant le haut de la pointe toujours légèrement inclinée vers la droite; par conséquent, l'entre-taille se trouve enlevée, et le sillon triangulaire qu'elle laisse, quoique ressemblant à celui que forme le burin, n'y a aucun rapport, puisque, dans la gravure en tailles creuses, le sillon du burin ou de la pointe doit être rempli d'encre et produire les traits aperçus sur l'épreuve; tandis que dans celle-ci, ce qu'on enlève est la partie qui ne doit point laisser de trace sur le papier, et qu'on *épargne* les tailles qui doivent marquer à l'impression. Lorsque le contour ou la taille qu'on veut tracer, est près d'une grande partie où il ne doit pas exister de travail, on sent bien que la *coupure* a besoin d'être plus profonde, afin que, lors de l'impression, le papier ne puisse pas atteindre le fond, et produire quelque tache au milieu du clair. Il faut donc, dans ce cas, enfoncer la pointe avec plus de force; alors, au lieu de la tenir de même qu'un crayon, comme nous venons de le dire, on la prend à pleine main, en laissant passer le bout entre l'annulaire et le petit doigt, ayant toujours le soin de la tenir légèrement inclinée vers la droite. Par ce moyen, la force du coup ne dépend plus de celle des doigts, mais de celle de la main et du poignet. Comme on ne creuse profondément que le contour des parties qui présentent une surface de quelque étendue, il est facile de concevoir que la pointe ne suffit plus pour enlever le bois dans l'intérieur de ces parties. Pour cette opération, on se servait autrefois de petits *fermoirs,* mais on les a remplacés par des *buteavants,* outils d'acier à peu près semblables à une petite pelle à feu, dont la largeur varie depuis un quart de ligne jusqu'à trois lignes. Lorsque l'espace est très grand, on n'emploie pas ces outils de petite dimension; on se sert de *gouges* et d'un *maillet* avec quoi on enlève de grandes parties de bois.

Les graveurs les plus célèbres dans cette partie sont : Jean Springinkle, Jean Brosamer, Schœffling, Ch. Sichem, Salomon Bernard, Stimmer, Papillon, père et fils, Beugnet, etc.

Depuis quelques années, on a recommencé à orner les livres avec des vignettes gravées sur bois; mais on a fait d'assez grands changements dans la manière d'opérer. Au lieu de graver sur des planches, suivant le fil du bois, on grave sur des tronçons de *bois de bout;* puis, au lieu de la pointe, on emploie souvent le burin, mais toujours pour enlever les entre-tailles, ainsi que nous l'avons expliqué plus haut. C'est à l'aide de ces procédés qu'on doit la perfection des gravures publiées, en Angleterre, par Nesbitt; en Prusse, par Gubitz, et en France, par MM. Bougon et Thomson.

Quoiqu'on ait souvent répété que la gravure sur bois a donné naissance à la gravure sur métal, c'est une grande erreur, et il suffit d'avoir la moindre connaissance de la manière d'opérer dans ces deux espèces de gravures, pour être convaincu qu'il n'y a aucun rapport entre elles, et que par conséquent l'habitude de l'une ne peut donner aucune facilité pour l'autre. Aussi ne trouve-t-on point de graveurs qui se soient distingués dans les deux manières. Car, si on admire les gravures sur cuivre faites par Albert Durer, Lucas de Leyde, Lucas de Cranach et autres, ce serait une erreur de croire que les gravures en bois qui portent leur chiffre soient de leurs propres mains; elles sont seulement faites d'après leurs compositions ou tout au plus d'après le dessin qu'ils ont tracé eux-mêmes sur la planche de bois. Ces planches ont été gravées par des ouvriers qui travaillaient sous leur direction et parmis lesquels on peut citer Jérôme Resch, Jean Glaser, Jean Guldenmund, Henri Hondius, Jean de Bonn, et aussi un Guillaume et un Hans, sans aucune autre désignation.

11. *Gravure à plusieurs tailles.* En se servant de l'expression *plusieurs tailles*, il ne faut pas croire qu'on veuille parler du nombre des hachures, ni de leur croisement; mais comme ceux qui exerçaient la gravure sur

bois, étaient nommés *tailleurs de bois, tailleurs de cartes à jouer*, on a donné le nom de *taille* à la planche même qui avait été *taillée* ou *gravée;* par conséquent, lorsqu'on a fait avec des planches de bois des gravures en couleur, comme il fallait employer deux et même trois planches, on a nommé cette manière *gravure à plusieurs tailles*, ou gravure en *camaïeu*, gravure *en clair obscur*. On a fait en Allemagne quelques gravures dans ce genre; mais c'est plutôt en Italie qu'on s'en est occupé, et on pense que l'invention en est due à François Mazzuoli, dit Parmesan. Le but qu'il s'est proposé a été d'imiter des dessins lavés au pinceau : aussi n'y a-t-il souvent que très peu de hachures dans cette manière de graver; la première planche présente toutes les parties enlevées, depuis les premières teintes jusqu'aux ombres les plus fortes, ayant soin d'enlever seulement les clairs, qui laissent par conséquent le papier entièrement blanc; la seconde planche offre les parties plus colorées, et la troisième, enfin, donne seu'ement les contours ou les ombres les plus fortes, et s'imprime d'un ton très intense.

Les graveurs les plus renommés dans cette manière sont Andreani, Hugue de Carpi, J. N. Vicentini, Antoine Fantuzzi de Trente, B. Coriolano, Burgmair, Jegher, qui ont travaillé dans le seizième siècle. Cette méthode abandonnée, a été reprise en France vers 1740, par Lesueur et autres; elle a été aussi exercée en Angleterre par Jackson, et à Venise, par Antoine Marie Zanetti; mais souvent alors on a substitué une planche de cuivre à l'une des planches de bois.

On sent bien que c'est de là qu'est venue la méthode employée pour l'impression des indiennes et des papiers peints.

12. *Gravure en taille d'épargne sur cuivre et sur acier.* Ces deux manières, quoique semblables en apparence à la gravure sur bois, sont exercées par les graveurs de cachets, et les graveurs de médailles; les uns font toutes ces

estampilles qu'on imprime à la main sur les objets qu'on veut faire reconnaître comme sortant de telle fabrique ou de telle administration, et rarement elles sont un objet d'art. Il n'en est pas de même des vignettes gravées par MM. Andrieux et Galle, soit pour les belles éditions imprimées par M. Didot, soit pour les billets de banque : des objets de cette nature étant exécutés rarement, il paraîtra sans doute inutile d'entrer dans plus de détails à cet égard.

### OUVRAGES QUI ONT TRAITÉ DE LA GRAVURE.

*Traité des manières de graver en taille douce sur l'airain*, par le moyen des vernis durs et mous ensemble, de la façon d'en imprimer les planches, et d'en construire la presse, par A. Bosse ; 1643, in-12. Deux editions ont été données par Cochin, en 1745 et 1748, in-8°.

*Comminciamento e progresso dell' arte d'ingtaliare in rame*, da Filippo Baldinuci ; Firenze, 1686, in-4°.

*Abrégé historique de l'origine et des progrès de la gravure et des estampes en bois et en taille-douce*, par le major Humbert ; Berlin, 1752, in-8°.

*Essay on the invention of engraving and printing in Chiarosscuro*, by J. B. Jacson ; London, 1733.

*Art of graving and etching, with the way of printing copper-plates*, by M. Faythornes ; London, 1702.

*Sur l'étude de la gravure*, par L. Fronhoter, en allemand, dans les *mémoires* de l'académie de Munich, 1755 ; in-8°.

L'*Art d'imprimer les tableaux*, traité d'après les écrits, les opérations et les instructions verbales de J. C. Le Blon ; Paris, 1756, in-8°.

*Lettre concernant le nouvel art d'imprimer les tableaux*, par J. Gautier ; Paris, 1749, in-8°.

*Traité historique et pratique de la gravure en bois*, par S. M. Papillon ; Paris, 1766, in-8°.

*Lettre* de Ch. François, sur la gravure au crayon, dans l'*histoire des philosophes modernes de Saverien* ; Paris, 1767, in-4°.

*Idée générale d'une collection complète d'estampes*, avec une *dissertation* sur l'origine de la gravure, par Heinecke ; Leipsig, 1771, in-8°.

L'*art de graver au pinceau*, etc., par M. Stapart ; Paris, 1773, in-12.

Une traduction allemande de cet ouvrage, par Harempeter ; Nuremberg, 1780.

*Essai sur les nielles*, gravure des orfèvres du quinzième siècle, par Duchesne ainé ; Paris, 1826, in-8°.

www.ingramcontent.com/pod-product-compliance
Lightning Source LLC
LaVergne TN
LVHW020636180726
843502LV00006B/2065